BEI GRIN MACHT SICH IHR WISSEN BEZAHLT

AF131033

- Wir veröffentlichen Ihre Hausarbeit,
  Bachelor- und Masterarbeit

- Ihr eigenes eBook und Buch -
  weltweit in allen wichtigen Shops

- Verdienen Sie an jedem Verkauf

Jetzt bei www.GRIN.com hochladen und kostenlos publizieren

GRIN

Bibliografische Information der Deutschen Nationalbibliothek:

Die Deutsche Bibliothek verzeichnet diese Publikation in der Deutschen National-
bibliografie; detaillierte bibliografische Daten sind im Internet über http://dnb.d-
nb.de/ abrufbar.

Impressum:

Copyright © 2013 GRIN Verlag, Open Publishing GmbH
Druck und Bindung: Books on Demand GmbH, Norderstedt Germany
ISBN: 9783668386549

Dieses Buch bei GRIN:

http://www.grin.com/de/e-book/352156/menschenrechte-fuer-die-grossen-men-
schenaffen

Tamar Römmelt

Menschenrechte für die Großen Menschenaffen?

GRIN Verlag

GRIN - Your knowledge has value

Der GRIN Verlag publiziert seit 1998 wissenschaftliche Arbeiten von Studenten, Hochschullehrern und anderen Akademikern als eBook und gedrucktes Buch. Die Verlagswebsite www.grin.com ist die ideale Plattform zur Veröffentlichung von Hausarbeiten, Abschlussarbeiten, wissenschaftlichen Aufsätzen, Dissertationen und Fachbüchern.

Besuchen Sie uns im Internet:

http://www.grin.com/

http://www.facebook.com/grincom

http://www.twitter.com/grin_com

1

Inhaltsverzeichnis

2

1. Einleitung

Die Beziehung zwischen Menschen und Tieren sowie die moralische Position von nicht-menschliche Tieren ist seit der Antike immer wieder Gegenstand von philosophischen und ethischen Nachdenkens und seit der Zeit der Aufklärung wird auch die Frage, ob nicht-menschliche Tiere Rechte haben erörtert. Darüber hinaus wird seit jüngster Zeit diskutiert, ob man einigen Tieren auch Menschenrechte zusprechen sollte.[1] Um diese Frage überhaupt stellen zu können, besteht eine der wesentlichen Voraussetzungen darin, Abkehr von der „natur-rechtlich" geprägten Begründung der Menschenrechte zu nehmen, dem zufolge haben Menschen als Mitglieder der Spezies Homo sapiens besondere Rechte, die auf ihren eindeutigen ontologischen[2] Status beruhen. Eine auf naturrechtlich geprägten Begründung der Menschenrechte verzichtet auf weitere Zuschreibungsvoraussetzungen, das heißt, um das Recht auf Menschenrechte zu haben, muss man lediglich Mensch sein. Alle anderen Lebewesen kommen als Träger für Menschenrechte grundsätzlich nicht in Betrachtung. Welchen Tieren, beziehungsweise ob man Tieren moralische Ansprüche, Rechte oder sogar Menschenrechte zuschreiben kann, ist davon abhängig, welche Kriterien man für die Integration einer Entität[3] in die moralische Gemeinschaft, in der man keinem anderen etwas zufügen darf, was man selber nicht möchte, für plausibel hält, beziehungsweise welche Attribute oder Fähigkeiten man für erforderlich erachtet, damit eine Entität ein Objekt der Moral sein kann.[4]

Auf diese Frage werde ich in der folgenden Seminararbeit eingehen und von verschiedenen Positionen aus betrachten, des Weiteren beschäftige ich mich mit der Legitimität der geson-derten Stellung des Menschen. Kernpunkt der Arbeit wird das Great Ape Projekt und dessen Forderung, die Großen Menschenaffen in die Gemeinschaft der Gleichen aufzunehmen, sein. Hierfür werde ich die Schöpfungstheorie betrachten und diese mit verschiedenen anderen Po-sitionen abwägen. Des Weiteren werde ich mich mit der Frage beschäftigten, welche möglichen Konsequenzen sich daraus ergeben könnten, wenn die Forderungen des Great Ape Projekts in die Realität umgesetzt werden und wie weit diese realisierbar wären.

---

1 Pollmann Arnd, Menschenrechte ein interdisziplinäres Handbuch, Stuttgart 2012, Seite 453
2 Ontologie ist die Lehre vom Sein, von den Ordnungs-, Begriffs- und Wesensbestimmung des Seienden.
3 Entität ist in der Philosophie ein Grundbegriff der Ontologie, der in zwei Bedeutungen verwendet wird: Zum einen bezeichnet er etwas, das existiert, ein Seiendes, einen konkreten oder abstrakten Gegenstand. Zum anderen kann er auch für das Wesen eines Gegenstandes stehen.
4 Menschenrecht, Seite 454

2. Vorbemerkung

Wenn in der Literatur von Tierrechten die Rede ist, so ist dies zu vergleichen mit den Menschenrechten. Im Grundgedanken geht es darum, dass jeder Anspruch auf eine bestimmte Behandlung hat. Die Bewegung, die auch Tieren solche grundsätzliche Rechte zugestehen will, ist die Tierrechtsbewegung beziehungsweise Tierbefreiungsbewegung[5]. Die Rechte richten sich hierbei nach den Interessen und Bedürfnissen der Betroffenen.[6] Zu einem der Ziele der Tierrechtsbewegung gehört die Beendigung jeglicher Exploitation[7] von Tieren. Die Tierethik beruht auf der Beachtung des Gleichheitsprinzip, welches im Folgenden kurz vorgestellt wird.
[8]

3. Gleichheitsprinzip

Der Gleichheitssatz stammt ursprünglich aus dem christlichen Gedankengut „Gleichheit vor Gott" und entwickelte sich zu der Forderung einer „Gleichheit vor dem Gesetz". Das Gleichheitsprinzip bezeichnet den Grundsatz, dass alle Menschen gleich zu behandeln sind, wenn man eine Ungleichbehandlung nicht durch sachliche Gründe begründen kann.[9]

Als Grundlage für das Gleichheitsprinzip, wonach Gleiches beziehungsweise Ähnliches auch gleich oder ähnlich behandelt werden muss, gilt der moralische Gleichheitsgrundsatz von Aristoteles[10].[11] Sowohl biologische als auch psychologische Forschungsergebnisse ergeben, dass uns Tiere, zum Beispiel Menschenaffen, sowohl körperlich als auch geistig ähnlich sind. Sie haben oftmals ähnliche komplexe und soziale Fähigkeiten wie der Mensch.[12] Daraus ist zu schlussfolgern, dass, wenn sich Tiere und Menschen ähneln, sie auch ähnlich behandelt werden sollten. Es ist erforderlich, dass sie in den moralischen Bereich mit aufgenommen werden, das heißt in jenen Bereich, in der unsere moralischen Rücksichten und Regeln Geltung

---

5 Vgl. Kaplan Astrid, Zum Verhältnis von Menschen und Tieren unter Berücksichtigung der hierbei auftretenden rationalen und emotionalen Widersprüchen, online unter: http://www.google.de/url?
sa=t&rct=j&q=&esrc=s&source=web&cd=5&ved=0CEsQFjAE&url=http%3A%2F
%2Fwww.tierschutzpartei.de%2Fpdf
%2FDiplom_AstridKaplan.pdf&ei=iwHOUIeOBsXEtQbun4HgDQ&usg=AFQjCNFN19j4kFNOGi
uD0I9WeaukFB1NMw&bvm=bv.1355325884,d.Yms, zugriffen am 17.12.2012, Seite 52
6 Vgl. Kaplan Helmut, Tierrechte. Die Philosophie einer Befreiungsbewegung, Göttingen 2000, Seite 11
7 Ausbeutung
8 Vgl. Kaplan Astrid, Zum Verhältnis von Menschen und Tieren unter Berücksichtigung der hierbei auftretenden rationalen und emotionalen Widersprüchen
9 Vgl. Gleichheitssatz (2012), online unter: http://de.wikipedia.org/wiki/Gleichheitsprinzip, zugegriffen am 03.01.2013
10 Aristoteles war ein griechischen Philosoph. Sein universales wissenschaftliches Werk wurde Grundlage für die gesamte abendländische Philosophie
11 Vgl. Tierrechte. Eine interdisziplinäre Herausforderung, hrsg. von Interdisziplinäre Arbeitsgemeinschaft Tierethik Erlangen 2007, Seite 149
12 Vgl. Evomaganzin (25.07.2011), Colin Goldner zum Great Ape Projekt, in: EVOMAGAZIN online unter: http://www.darwin-jahr.de/colin-goldner-great-ape-project, zugegriffen am 22.11.2012

haben.[13] In diesem Zusammenhang wird oftmals auf Jermey Bentham, ein englischer Philosoph und Sozialreformer und dessen berühmte Aussage verwiesen:[14]

> „Der Tag wird kommen, an dem auch den übrigen lebenden Geschöpfen die Rechte gewährt werden, die man ihnen nur durch Tyranne vorenthalten konnte. Die Franzosen haben bereits erkannt, daß die Schwärze der Haut kein Grund ist, einen Menschen schutzlos den Launen eines Peinigers auszuliefern. Eines Tages wird man erkennen, daß die Zahl der Beine, die Behaarung der Haut und das Ende des os sacrum[15] sämtlich unzureichende Gründe sind, ein empfindendes Lebewesen dem gleichen Schicksal zu überlassen. Aber welches andere Merkmal könnte die unüberwindliche Grenzlinie sein? Ist es die Fähigkeit zu denken oder vielleicht die Fähigkeit zu sprechen? Doch ein erwachsenes Pferd oder ein erwachsener Hund sind weitaus verständiger und mitteilsamer als ein Kind, das einen Tag, eine Woche oder sogar einen Monat alt ist? Doch selbst, wenn es nicht so wäre, was würde das ändern? Die Frage ist nicht: Können sie denken? oder: Können sie sprechen?, sondern: Können sie leiden?"[16]

4. Menschenrechte

Um die Forderungen des Great Ape Projekts[17] nachvollziehen zu können, ist es notwendig sich zu Beginn mit den Menschenrechten zu beschäftigen. In den folgenden Unterpunkten wird kurz auf die Entstehung und die Geschichte der Menschenrechte eingegangen.

4.1.   Einleitung

Als Menschenrechte werden subjektive Rechte bezeichnet, die jedem Menschen gleichermaßen zustehen, d.h.

> „erstens, dass die Rechtssubjekte als individuelle Einzelne darauf pochen dürfen, und zweitens, dass man diese Rechte selbst noch gegenüber jedem öffentlichen Rechtssystem hat, das einem diese und alle sonstigen Rechte zuallererst garantiert."[18]

Die heutigen Menschenrechte wurden am 10. Dezember 1948 von der Generalversammlung der Vereinten Nationen verabschiedet und werden als einen der wichtigsten Schritte in der Entwicklung des Menschenrechts angesehen. Erstmals wurden umfassend bürgerliche, politische, wirtschaftliche, soziale und kulturelle Verträge zum Schutze der Menschenwürde

---

13 Vgl. Kaplan Helmut, Tierrechte, Seite 53
14 Vgl. Kaplan Astrid, Seite 54
15 Es handelt sich hierbei um das Kreuzbein, dies ist ein Knochen der Landwirbeltiere. Es ist gleichzeitig Teil des Beckens und der Wirbelsäule.
16 Singer Peter, Animal Liberation. Die Befreiung der Tiere, Hamburg 1996, Seite 35
17 Siehe Kapitel 8
18 Menschenrechte, Seite 129

verfasst.[19] Anspruch auf diesen Schutz hat jeder Mensch. Zu diesen Rechten gehören unter anderem das Recht auf Freiheit und Leben, Religionsfreiheit, das Recht auf freie Meinungsäußerung, das Recht auf eine eigene Meinung und Bildung.[20]

4.2. Geschichte der Menschenrechten

Die Grundlage, auf der die Menschenrechte ruhen, reicht bis in das Naturdenken der griechischen Philosophie und das frühe Christentum zurück. Als Vorläufer der heutigen Menschenrechte kann ohne Zweifel die US-amerikanische und die Französische Revolution angesehen werden, aus der mit der *Virginia Bill of Rights* (1776), der US-amerikanischen Unabhängigkeitserklärung (1787) und der Verfassung der Vereinigten Staaten (1789) sowie der *Déclaration des droits de l'homme et du citoyen*, welche in Frankreich im gleichen Jahr verfasst wurde, die Grunddokumente der heutigen Menschenrechtsdiskurses entstanden sind.[21] Heute wird das Bestehen der Menschenrechte prinzipiell von fast allen Staaten anerkannt.[22]

5. Schöpfungstheorie

Die Schöpfungstheorie ist einer der Standpunkte, von denen aus die Tierrechtsdebatte betrachtet und bewertet werden. Als Grundlage hierfür dient ein Bibelauszug aus 1. Moses 24 – 28:

> „Und Gott sprach: Die Erde bringe lebende Wesen hervor nach ihrer Art: Vieh und kriechende Tiere und wilde Tiere der Erde nach ihrer Art! Und es geschah so. Und Gott machte die wilden Tiere der Erde nach ihrer Art und das Vieh nach seiner Art und alle kriechenden Tiere auf dem Erdboden nach ihrer Art. Und Gott sah, dass es gut war. Und Gott sprach: Lasst uns Menschen machen in unserm Bild, uns ähnlich! […] Und Gott schuf den Menschen nach seinem Bild, nach dem Bild Gottes schuf er ihn; als Mann und Frau schuf er sie."[23]

Anhand dieses Auszuges aus der Bibel findet man beschrieben, dass die Erschaffung der Landtiere am selben Tag geschah, an dem auch der Mensch erschaffen wurde. Die Tiergruppen, welche hier erwähnt werden, sind: „Vieh" (zahme Säugetiere, nicht nur Herdentiere, sondern auch Zug-, Last-, und Reittier), „kriechende Tiere" (kleine und größere Tiere auf dem

---

19 Vgl. politische bildung. Beiträge zur wissenschaftliche Grundlegung und zur Unterrichtspraxis. Menschenrechte, hrsg. Woyke Wichard, Seite 15

20 Vgl. politische Bildung, Seite 5

21 Vgl. politische Bildung, Seite 9/10

22 Vgl. Menschenrechte (2012), http://de.wikipedia.org/wiki/Menschenrechte#cite_ref-2, zugegriffen am 03.01.2013

23 Brockhaus Verlag Wuppertal, Stuttgart ³1986, Die Heilige Schrift. Revidierte Elberfelder Bibel, Seite 1/2

Erdboden) und „wildes Getier" (nicht zu zähmende Landtiere).[24]

6. Die Ordnung der Säugetiere

Neben dem Schöpfungsbericht gibt es weitere unterschiedliche Beweise, welche die Auffassung rechtfertigten, dass das Leben in einer großen Reihe Schöpfungsgruppen gleichzeitig entstanden ist, die einzelnen Schöpfungsgruppen aber nicht ineinander übergingen oder auseinander entstanden sind. Betrachtet man zum Beispiel die Ordnung der Fledermäuse, von der angenommen wird, dass sie aus der Ordnung der Insektivoren: Insektenfresser wie Molche, Igel und Spitzmäuse, hervorgeht. Die ältesten Fossilien, welche von Fledermäusen gefunden wurden, befanden sich in der Erdschicht des Tertiärs. Es handelte sich hierbei um voll entwickelte Fledermäuse. Dies könnte ein Hinweis dafür sein, dass es sich bei den Fledermäusen von Anfang an um eine eigene und voll entwickelte Art handelte.[25]

7. Menschenaffen

Diese Kapitel beschäftigt sich mit den Großen Menschenaffen, auf welche sich die Forderungen des Great Ape Projekts stützen. Es werden die unterschiedlichen Arten von Menschenaffen vorgestellt sowie deren natürlichen Lebensraum. Zu Beginn wird eine kurze Definition des Begriffs „Menschenaffen" vorangestellt.

7.1.   Definition

In dem Neuen Duden Lexikon wird der Menschenaffe folgendermaßen definiert: „Menschenaffen (Pongidae), die dem Menschen am nächsten stehenden Affen, mit gleichem Ursprung wie dieser jedoch nicht seine Vorfahren. Rezent sind Orang-Utan (Borneo und Sumatra), Gorilla und Schimpansen (Afrika)".[26] In der Biologie wird zwischen kleinen und großen Menschenaffen unterschieden. Normalerweise verbindet man jedoch den Begriff nur mit den großen Menschenaffen.

7.2.   Arten von Menschenaffen

Die sogenannten „großen Menschenaffen", auch Hominiden genannt, sind wohl die dem Menschen am ähnlichsten und verwandtesten Lebewesen auf unserer Erde. Nach allgemeiner

24 Vgl. Glashouwer Willem J.J., Neuhausen-Stuttgart 1980, So entstanden die Welt, Seite 107
25 Vgl. So entstand die Welt, Seite 101/102
26 Das neue Duden Lexikon, Seite 2495

Taxonomie werden sie in vier Gattungen unterteilt Orang-Utans (Pongo), Gorillas (Gorilla), Schimpansen (Pan), Bonobos (Pan). Vom biologischen Standpunkt aus betrachtet, gehört auch der Mensch (Homo sapiens) zu eben dieser Gruppe der „Hominiden".[27]

Die größte Art der Menschenaffen, die Orang-Utans (Pongo pygamaus), werden in zwei Unterarten aufgeteilt, einmal die Pongo pygmaeus abeliti (Sumatra-Orang) und in die Pongo pygmaeus pygmaeus (Borneo-Orang).[28] Der Lebensraum der Orang-Utans befindet sich vorwiegend in Nordsumatra, Indonesien und Provinzen Sabah und Sarawak/Malaysia.[29]

Der Gorilla (Gorilla gorilla) wird in drei Unterarten eingeteilt. Die Erste ist Gorilla gorilla gorilla (Flachlandgorilla), die Zweite heißt Gorilla gorilla graueri (Grauergorilla) und die Letzte die Berggorillas heißen mit wissenschaftlichen Namen Gorilla gorilla beringei. Der Gorilla kommt überwiegend im Kamerun, Kongo und Nigeria und im der östlichen Demokratischen Republik Kongo sowie im Länderdreiecke Uganda – Ruanda – Zaire vor.[30]

Ebenso gibt es bei den Schimpansen (pan troglodytes) drei Unterarten. Diese sind Pan troglodytes versus (Westafrikanischer Schimpanse), Pan troglodytes troglodytes (Zentralafrikanischer Schimpanse) und Pan troglodytes schweinfurthii (Ostafrikanischer Schimpanse). Alle Schimpansen-Arten sind ausschließlich auf dem afrikanischen Kontinent beheimatet.[31]

Keine Unterarten sind bei den Bonobos (Pan paniscus) oder auch Zwergschimpansen bekannt. Diese Art kommen ausschließlich auf dem afrikanischen Kontinent vor, und zwar in der Demokratischen Republik Kongo.[32]

Alle Große Menschenaffen befinden sich auf der Roten Liste der gefährdeten Arten der Weltnaturschutzunion IUCN. Die Population der einzelnen Arten liegt zwischen 650 und 150.000 Tieren pro Unterart.[33] Drei Arten sind sogar vom Aussterben bedroht: Berggorilla, Cross River-Gorilla und Sumatra-Orang-Utan.

---

27 Vgl. Daqué Jennifer, Die Gattung der Menschenaffen, online unter: http://www.planet-wissen.de/natur_technik/wildtiere/menschenaffen/gattungen.jsp, zugegriffen am 20.11.2012
28 Vgl. Sommer Volker, Amman Karl; Die Grossen Menschenaffen. Orang-Utans, Gorilla, Schimpanse, Bonobo. Die neue Sicht der Verhaltensforschung, München, Wien, Zürich 1998, Seite 26
29 Vgl. Die Grossen Menschenaffen, Seite 26
30 Vgl. Die Grossen Menschenaffen, Seite 56/57
31 Vgl. Die Grossen Menschenaffen Seite 87
32 Vgl. Die Grossen Menschenaffen Seite 115
33 Vgl. Die Welt der Menschenaffen, Seite.26-46

8. Das Great Ape Projekt

8.1.   Gründung und aktuelle Situation

Die Grundlage für das Great Ape Projekt ist das 1993 erschienene Sammelband „Menschen-rechte für die Großen Menschenaffen – das Great Ape Projekt", welches von den Philosophen Paola Cavalier und Peter Singer herausgegeben wurde. Es beinhaltet 34 Beiträge von Autoren, darunter auch Jane Goodall und Richard Dawkings.

Das Great Ape Projekt startete hoch ambitioniert und engagiert, verlor allerdings nach ersten Erfolgen -1999 verbot Neuseeland per Gesetz sämtliche Experimente an Menschenaffen - re-lativ bald an Bedeutung und stagniert seit einigen Jahren ohne ersichtliche Erfolge. Durch die Verleihung des „Ethik-Preis der Giordano-Bruno Stiftung" wurde das Projekt wieder in das Interesse der Öffentlichkeit gerückt,[34] sodass dem Projekt, zum einen durch das wachsende Verantwortungsbewusstsein der Menschen gegenüber den Tieren, und zum anderen durch die neuen Möglichkeiten, welche durch das Internet entstanden sind, heute weitaus größere Chan-cen beschieden sind als Anfang 1990.[35]

8.2.   Ziele

In „Menschenrechte für die Großen Menschenaffen – Das Great Ape Projekt" findet sich zu Beginn die „Deklaration über die Großen Menschenaffen", die das Ziel des Great Ape Projekt festlegt.

> „Wir fordern, daß die Gemeinschaft der Gleichen so erweitert wird, daß sie alle Großen Menschenaffen miteinschließt: Menschen, Schimpansen, Gorillas und Orang-Utans. Die »Gemeinschaft der Gleichen« ist die moralische Gemeinschaft, innerhalb derer wir bestimmte moralische Grundsätze oder Rechte anerkennen, die unsere Be-ziehungen untereinander regeln und gerichtlich einklagbar sind."[36]

Das Great Ape Projekt verfolgt damit das Ziel, den Großen Menschenaffen - Schimpansen, Gorillas, Orang-Utans und Bonobos - bestimmte Grundrechte anerkennen zu lassen, die bis-lang nur dem Menschen vorbehalten sind. Dies wird mit der großen genetischen Ähnlichkeit

---

34 Vgl. Albert Schweitzer Stiftung für unsere Mitwelt (Hrsg.), Ethikpreis für Paola Cavalieri und Peter Singer [11.Juni. 2011], online unter:http://albert-schweitzer-stiftung.de/aktuell/ethikpreis-fur-paola-cavalieri-und-peter-singer-great-ape-project, zugegriffen am 22.11.2012
35 Vgl. Wie soll das Ziel erreicht werden?, online unter: http://greatapeproject.de/was-genau/, zugegriffen am 30.12.2012
36 Cavalierie Paola, Singer Peter, Menschenrechte für die Großen Menschenaffen. Das Great Ape Projekt, München 1993, Seite 12

und den ähnlichen komplexen und sozialen Fähigkeiten der Großen Menschenaffen begründet.[37]

8.3.   Forderungen

„Das Recht auf Leben

Das Leben der Mitglieder der Gemeinschaft der Gleichen ist zu schützen. Mitglieder der Gemeinschaft der Gleichen dürfen nicht getötet werden, außer in streng festgelegten Situationen wie zum Beispiel in Notwehr.

Der Schutz der individuellen Freiheit

Mitglieder der Gemeinschaft der Gleichen dürfen nicht willkürlich ihrer Freiheit beraubt werden; falls sie ohne vorheriges ordentliches Gerichtsverfahren eingesperrt sein sollten, haben sie das Recht auf sofortige Freilassung. Die Inhaftierung derjenigen, die keines Verbrechens überführt oder nicht strafmündig sind, ist nur erlaubt, wenn erwiesen werden kann, dass es zu ihrem eigenen Wohl ist oder notwendig wird, um die Allgemeinheit vor einem Mitglied der Gemeinschaft zu schützen, welches in Freiheit eindeutig eine Gefahr für andere darstellen würde. In solchen Fällen haben die Mitglieder der Gemeinschaft der Gleichen das Recht, entweder direkt oder, falls ihnen die notwendigen Fähigkeiten fehlen, durch einen Rechtsbeistand ein Gericht anzurufen.

Das Verbot der Folter

Einem Mitglied der Gemeinschaft der Gleichen entweder böswillig oder für einen angeblichen Nutzen anderer wissentlich ernsthaften Schmerz zuzufügen, gilt als Folter und ist unrecht."[38]

Diese Forderungen beinhalten, dass den Großen Menschenaffen ein moralischer und gesetzlich schützender, das heißt einklagbarer Status zukommt, so wie es bei Menschen der Fall ist.

8.4.   Begründung der Forderungen

In dem Buch „Menschenrechte für die großen Menschenaffen" wird von unterschiedlichen Autoren erklärt, was genau die Gleichheit von Mensch und Menschenaffen ausmacht.

Das Erbgut von Menschen und Schimpansen stimmt zu ungefähr 97 Prozent überein.[39] Das Leipziger Max-Planck-Institut sequenziert dafür ca. 0,1% Schimpansen-Genoms, dies ent-

---

37 Vgl. Evomaganzin (25.07.2011), Colin Goldner zum Great Ape Projekt, in: EVOMAGAZIN online unter: http://www.darwin-jahr.de/colin-goldner-great-ape-project, zugegriffen am 22.11.2012
38 Vgl. Menschenrechte für die Großen Menschenaffen, Seite 12
39 Vgl. Menschenrechte für die Großen Menschenaffen, Seite 146

spricht ungefähr 3 Millionen Basenpaaren. Betrachtet man den dazu entsprechenden Abschnitten des menschlichen Genoms, so sind durchschnittlich 987 von 1000 Basen, also 98,7 %, identisch.[40] Ausschlaggebend ist aber nicht nur die genetische Verwandtschaft, sondern die durch genetische Ähnlichkeit ermöglichten, ähnlichen Gefühls- und Denkvermögen sowie Verhalten und Ich-Bewusstsein der Großen Menschenaffen.[41]

> „In der Tat werden alle, die längere Zeit eng mit Schimpansen zusammengearbeitet haben, nicht zögern zu behaupten, dass Schimpansen ebenso wie Menschen Emotionen zeigen, die denjenigen, die wir als Freude, Traurigkeit, Furcht, Verzweiflung und so weiter bezeichnen, ähnlich und manchmal wahrscheinlich sogar mit ihnen identisch sind."[42]

9. Mensch-Menschenaffen-Vergleich

Die folgenden Seiten beschäftigen sich mit dem Mensch-Tier-Vergleich. Dieser Vergleich wird zu einem aus der Perspektive der Schöpfungstheorie und zum anderen von biologischer Seite aus betrachtet. Es wird hier Bezug auf Begründung der Forderungen des Great Ape Projekt genommen. Zu Beginn wird eine Definition des Menschen vorangestellt, eine genaue Definition von Menschenaffe befindet sich in Kapitel 7.2. .

9.1.   Definition Mensch

In dem Neuen Duden Lexikon wird der Mensch folgendermaßen definiert. „Mensch als Art Homo sapiens (Gattung Homo) einziges lebendes Mitglied der Familie der Hominiden. Unter Berücksichtigung der fossilen Formen ergibt sich die Unterteilung in drei Unterfamilien: Vormensch (Ramapithecus), Urmenschen (Australopithecus; Vor- und Urmenschen werden oft zur Australopithecusgruppe zusammengefasst) und Echtmensch (Homininen). Letztere werden wiederum in drei Gruppen gegliedert: Frühmensch (Pithecatropus, auch Chinamensch), Altmensch (Neandertaler) und schließlich Jetztmenschen (mit den morphologischen Merkmalen des Homo sapiens seit etwa 40.000 Jahren).[43]

---

40 Vgl. Dr. Wirsing Bernd, [12.04.2002] Was unterscheidet den Menschen vom Affen?, online
    unter:http://www.innovations-report.de/html/berichte/biowissenschaften_chemie/bericht-9200.html,
    zugegriffen am 22.11.2012
41 Vgl. Great Ape Projekt, online unter: http://de.wikipedia.org/wiki/Great_Ape_Project, zugegriffen am
    30.12.2012
42 Vgl. Singer Peter, Praktische Ethik, Stuttgart 1994, Seite 24/25
43 Das neue Duden Lexikon, Seite 2485

9.2.   **Argumente gegen den „Mensch-Menschenaffen-Vergleich"**

a) Auf Grundlage des Schöpfungsbericht

Betrachtet man den Menschen aus der Perspektive des Schöpfungsbericht, so ist er einer von den drei Schöpfungsakten und vertritt eine neue Existenzart. So kann er analytisch denken, überlegen und argumentieren. Es ist ihm möglich kulturelle Fortschritte zu erlangen und mittels Sprache und Symbolen zu kommunizieren. Als soziales Wesen, wobei menschliches soziales Verhalten nicht zu verwechseln ist mit dem instinktiven Zusammenschluss einiger Tierarten, ist er fähig zu bewusstem Umgang, zur Gemeinschaft und zum Zusammenleben. Als ökonomisches und ästhetisches Wesen ist der Mensch fähig, bewusst und verantwortungsvoll die ihm anvertrauen Güter zu verwalten, sowie Schönheit zu erkennen und zu bewundern. Durch sein juristisches und ethisches Bewusstsein ist es ihm möglich zu erkennen, was Recht und Unrecht ist und zwischen Gut und Böse zu unterscheiden. Dadurch versteht der Mensch auch die Bedeutung von Urteil und Vergeltung.

Nimmt man den Schöpfungsbericht als Grundlage, so lässt sich der Mensch eindeutig vom Tier unterscheiden und ist nicht von diesem ableitbar. Es handelt sich beim Menschen um eine besondere Schöpfung Gottes. Der Mensch vertritt eine ganz neue Existenzart und hat sich weder aus dem Tierreich entwickelt, noch handelt es sich um ein edles Tier.[44]

b) Auf Grundlage der Biologie

Das Great Ape Projekt führt als eine Begründung ihrer Forderungen die genetische Verwandtschaft von Mensch und Affen an.[45] Die vom Leipziger Max-Planck-Institut sequenzierten 0,1% des Schimpansen-Genoms brachte im Vergleich, eine 98,7% Übereinstimmung zu den entsprechen menschlichen Abschnitten hervor.[46] Diese 1,3% Unterschied hören sich daher nicht bedeutet an. Der Erstautor der Science-Studie Wolfgang Enard meint dazu:

> "1,3 % Unterschied klingt eigentlich nicht viel, aber es addiert sich zu einem Heuhaufen von 39 Millionen möglichen Unterschieden. Die wenigen Unterschiede zu finden, die tatsächlich etwas bewirken, ist die eigentliche große Herausforderung."[47]

---

44 Vgl. Glashouwer J.J. Willem, So entstand die Welt, Hänssler 1980, Seite 109/110
45 Vgl. Menschenrechte für die Großen Menschenaffen, Seite 146
46 Vgl. Dr. Wirsing, Bernd (2002), Was unterscheidet den Menschen vom Affen?, online unter:
   http://www.innovations-report.de/html/berichte/biowissenschaften_chemie/bericht-9200.html, zugegriffen
   am 30.12.2012
47 Was unterscheidet den Menschen vom Affen? (siehe Fußnote 46)

9.3. Argumente für den „Mensch-Menschenaffen-Vergleich"

Einmal ist es möglich die Übereinstimmen des Erbgutes als Argument für einen Mensch-Tier-Vergleich aufzulisten[48], zum anderen kann man sich auf die Evolutionstheorie berufen. So trennten sich die Stammlinien von Orang-Utan und Menschen vor etwa 11 Millionen Jahren. Die Gattung Homo – zu der wir Menschen zählen - und die Gattung Pan – mit Schimpanse und Bonobos - trennten sich vor etwa 5 Millionen Jahren. Der moderne Mensch folgte schließlich nach verschiedenen Formen von Urmenschen vor etwa 200.000 Jahren.[49] Ein weiteres von der Tierrechtsphilosophie genutztes Legitimationsinstrument ist eine Spielart des Essenzialismus welches besagt, dass es keine Trennlinie zwischen Mensch und Tier geben darf, solange die Essenz des Menschlichen nicht zweifelsfrei bestimmt ist.[50]

10. Haben Tiere Rechte?

Die folgenden zwei Unterpunkte beschäftigen sich mit der Frage, ob Tiere Rechte haben. Es werden zum einem die Position aufgeführt, dass Tiere Rechte haben und zum anderen die Position, wieso Tiere keine Rechte haben.

10.1. Wenn Tiere Rechte hätten...

Vertritt man die Position, dass Tiere Rechte haben, dann müssen diese Rechte respektiert werden, auch um den Preis großer Bürden für den Menschen. So lautet die Konsequenz nach Tom Regan[51] folgendermaßen:[52]

> „ [D]ie Schäden, die andere durch Aufgabe [mancher] Praktiken oder die Auflösung [mancher] Institutionen vielleicht erleiden, sind keine Rechtfertigung dafür, diese beizubehalten … Niemand hat das Recht, vor Schäden bewahrt zu werden, wenn der in Frage stehende Schutz die Verletzung von Rechten anderer bedeutet. (S. 346) … [N]iemand hat das Recht, geschützt zu werden durch die Fortführung einer ungerechten Praktik, eine, Die die Rechte anderer verletzt. (S. 347) … [D]er Gerechtigkeit muß Genüge getan werden, selbst wenn die … Himmel fallen."[53]

---

48 Vgl. Menschenrechte für die Großen Menschenaffen, Seite 146
49 Vgl. Prof. Dr. Sommer Volker, Dr. Schmidt-Salomon Michael, Warum aus Pan zu Homo werden sollte, online unter: http://greatapeproject.de/pan-zu-homo/, zugegriffen am 30.12.2012
50 Vgl. Spahl Thilo (2012), Das Bein in meiner Küche – Essay, online unter: http://www.bpb.de/apuz/75808/das-bein-in-meiner-kueche-essay?p=all#footnodeid_8-8, zugegriffen am 30.12.2012
51 Tom Regan ist ein amerikanischer Philosoph und ein Aktivist in der Tierrechtsbewegung.
52 Vgl. Tierrecht, Seite 87
53 Tierrecht ,Seite 92

Die letzte Zeile stammt von Kant[54], der sich einer älteren Tradition entlieh: „Fiat justitia et pereat mundus!"[55] Regan geht sogar so weit, dass er das Töten von Ratten in der medizinischen Forschung als moralisch nicht tolerierbar hält. Wenn es also Dinge gibt, die wir aufgrund der Rechte von Tieren nicht lernen können, so antwortet Regan, können wir nichts daran ändern. Wenn man Tieren Rechte zugesteht, ist dies die Schlussfolgerung, zu der man kommen muss.[56] Die Ansicht des Utilitarismus, hat eine tragende Rolle in der Tierrechtsdebatte. Empfindungsfähige Tiere, nicht-menschliche eingeschlossen, sind für sie vollwertige und gleichberechtigte Mitglieder der moralischen Gemeinschaft und wir haben ihnen gegenüber direkte Pflichten. Wir haben gegenüber Tieren eine direkte Pflicht, keine indirekte Pflicht gegenüber Menschen,[57] das heißt, wenn ich Ihrer Katze Schmerzen zufüge, so verletzte ich nicht meine direkten Pflichten gegenüber Ihnen, sondern gegenüber der Katze.[58]

10.2.   Wieso Tiere keine Rechte haben...

Unser Rechtskonzept ist in seinem Wesen nach menschlich, es hat seine Wurzeln und seine Bedeutung in der moralischen Welt des Menschen; deshalb können Tiere keine Träger von Rechten sein. Denn wenn man davon ausgeht, dass eine Ratte Rechte hat, dann bringt man Kategorien durcheinander, es wird auf die Welt der Ratten eine moralische Kategorie angewendet, die ausschließlich in der moralischen Welt des Menschen eine Bedeutung hat. Des Weiteren ist das Konzept von Recht und Unrecht Tieren völlig fremd. Ein Gegenwartsphilosoph sagt folgendermaßen:[59]

> „Ein moralisches Objekt[60] besitzt nicht die Fähigkeit, beim Nachdenken darüber, welche unter einer Anzahl möglicher Handlungen richtig oder angemessen wäre, moralische Grundsätze zu formulieren, geschweige dann anzuwenden. Um es kurz zu sagen: Moralische Objekte können weder etwas Rechtes noch etwas Unrechtes tun ... [S]elbst wenn ein moralisches Objekt einem anderen erhebliches Schaden zufügt, hat es nichts Unrechtes getan. Nur moralische Subjekte[61] könne falsch handeln."[62]

Wir Menschen sind, laut dem Moralphilosoph Immanuel Kant, für unser Handeln moralisch

---

54 Immanuel Kant war ein deutschsprachiger Philosoph der Aufklärung. Er zählt zu den bedeutendsten Vertretern der abendländischen Philosophie.
55 Gerechtigkeit geschehe, und wenn die Welt (darüber) zugrunde geht.
56 Vgl. Tierrecht Seite 92/93
57 Vgl. Tierrecht, Seite 82
58 Vgl. Tierrecht, Seite 74
59 Vgl. Tierrecht, Seite 95/96
60 Tiere werden hier als „moralische Objekte" („moral patients") bezeichnet
61 Ein moralisches Subjekt zu sein bedeutet (in dieser Sichtweise), fähig zu sein, Allgemeingültigkeit moralischer Einschränkungen unseres Willens zu verstehen
62 Tierrecht, Seite 96

verantwortlich, was uns zu Mitglieder der moralischen Gemeinschaft macht; und weil Tiere nicht für ihr moralisches Handeln verantwortlich sind, sind sie keine Mitglieder der moralischen Gemeinschaft.[63] Eine Ansicht die diese behauptet unterstützt ist der Anthropozentrismus. Der Anthropozentrismus vertritt, im Gegensatz zu dem Utilitarismus die Ansicht, dass nur Menschen Mitglieder der moralischen Gemeinschaft sind, das heißt es besteht nur eine direkte Pflicht gegenüber Menschen, und ausschließlich Menschen haben den gleichen moralischen Status, an dem jene nicht teilhaben, die keine Mitglieder sind.[64]

11. Schlussfolgerung

In der Realität würde niemand den Unterschied zwischen Menschen und Tieren ignorieren oder ihn für eine Zeit lang Außerachtlassen oder wenn es darauf ankäme, die Gleichbehandlung von Menschen und Tieren aufrechterhalten. So würde jeder in einem Notfall erst den Menschen und dann das Tier retten.[65] Doch was würde passieren, wenn man die Forderungen des Great Ape Projekts in die Realität umsetzt?

Eine mögliche Konsequenz wäre, eine „neue Klassifikation" von Menschenaffen, wie sie auch das Projekt fordert, aus Pan troglodytes (Schimpanse) und aus Pan paniscus (Bonobo) würde jeweils Homo troglodytes und Homo paniscus werden.[66] Doch welche möglichen Folgen hätte diese neue „Stellung" von Menschenaffen und welche Probleme könnten sich daraus ergeben? So würde evtl. die Frage aufkommen, ob die gesonderte Stellung der Menschenaffen und dem damit verbundenen Ausschluss anderer Tiere, nicht zu vergleichen ist, mit dem kategorischen Ausschluss von Sklaven und Frauen seinerzeit.

Würde man damit nicht eine ungerechtfertigte Bevorzugung der menschlichen Spezies, zu der nun auch der Menschenaffen gehören würde, gegenüber anderen Tieren hervorrufen, den sogenannten „Speziezismus"?

Betrachtet man zum Beispiel das Deutsche Primatenzentrum, hier werde jedes Jahr ungefähr 2200 bis 2500 Affen „verbraucht". Das bedeutet, so viele Affen sterben im Verlauf von Experimenten oder werden mit Beendigung des Experimentes getötet. Dabei werden unterschiedliche Arten von Primaten benötigt. Transplantationsmediziner bevorzugen Paviane, in anderen Bereichen der Medizin haben sich Rhesus- oder Javaneraffen als Tiermodelle etabliert. Diese drei Affenarten sind non human primates, das heißt, es handelt sich hierbei um Primaten, die keine Menschenaffen sind. Non human primates werden deshalb als Labortiere genutzt, da sie einerseits genetisch dem Menschen gleichen, andererseits werfen die Versuche an ihnen nicht

---

63 Vgl. Tierrecht, Seite 77/78
64 Vgl. Tierrecht, Seite 73/74
65 Vgl. Das Bein in meiner Küche - Essay
66 Vgl. Warum Pan zu Homo werden sollte, online unter: http://greatapeproject.de/pan-zu-homo/, zugegriffen am 03.01.2013

dieselben ethischen Bedenken auf wie Experimente mit Schimpansen, Gorillas oder Orang-U-tans.[67] Ein weiteres Argument gegen die Forderungen des Great Ape Projekts wäre die Gefahr eines „Dammbruches". Denn wenn man den Großen Menschenaffen bestimmte Rechte einräumt, wäre es nicht auszuschließen, dass dies auch dann für Hunde, Frösche oder Käfer gefordert werden würde. Wo würde dann die Grenze verlaufen, die, wenn schon nicht theoretisch, so doch in unserem Alltag in Bezug auf Tiere gezogen werden muss?[68] Selbstverständlich, darf Non human primates oder human primates das Recht auf Leben nicht mit der Begründung verwehrt werden, dass solche eine Forderung für Blattläuse, Viren oder Schnittblumen nicht vertretbar sei.[69] Doch müsste nicht dann auch z.b. Delphine und Elefanten Mitglieder der „Gruppe der Gleichen" werden, da sie verschiedene traditionelle Kriterien für den Status Person erfüllen?[70]

Eine weitere Folge könnte sein, dass wenn aus bestimmten Tieren Personen werden, manche Menschen, z.B. Wachkoma-Patienten oder Behinderte Personen, hingegen keine Menschen mehr sind. Peter Singer meint in diesem Konflikt, dass es wichtig ist: „Den Status der Tiere zu heben und nicht den der Menschen zu senken."[71]. An diesen Argumenten ist zu erkennen, dass eine Trennung von Personen bzw. Tiere, welche sich auf die gleichen Rechte berufen können, kaum oder nur unter erschwerten Bedingungen möglich ist.

Auf der anderen Seite stellt sich die Frage ob Precht[72] mit seiner Aussage:

„Wie kann es etwa gerechtfertigt sein, (…) dieselben Experimente, die wir an menschlichen Embryonen und schwer Schwachsinnigen kategorisch ablehnen, bei Säugetieren mit bedeutend höheren kognitiven Fähigkeiten zuzulassen? Warum gilt Abtreibung eines menschlichen Embryos als moralisches Problem, nicht aber die Tötung eines ausgewachsen Primaten?",[73]

nicht genau die Problematik beschreibt, in der sich Gesellschaft befindet, wenn sie sich gegen die Forderungen des Great Ape Projekt stellt.

Nimmt man die Schöpfungstheorie als Grundlage für die Betrachtung des Great Ape Projekts, so lässt sich klar feststellen, dass der Mensch nicht vom Menschenaffen bzw. vom Affen abstammt und dass diese keine gemeinsamen Vorfahren haben. Dies bedeutet aber nicht, dass man den Menschenaffen oder beziehungsweise anderen Tiere keine Rechte zusprechen darf,

---

67 Vgl. Sparmann Anke, Wo beginnt unsere Mitschuld, in: GEO vom 11.November 2012, Seite160
68 Vgl. Tierrechte, Seite 67
69 Vgl. Die Großen Menschenaffen, Seite 150
70 Vgl. Tierrechte, Seite 67
71 Riether Edith, Weis Michael Noah, Tier-Mensch-Ethik, Wien/Berlin 2012, Seite 55
72 Richard David Precht ist ein deutscher Philosoph und Publizist, der vor allem durch populärwissenschaftlicher Bücher zu philosophischen Themen bekannt geworden ist.
73 Kunzmann Peter, Die Würde des Tieres – zwischen Leerformel und Prinzipen, München 2007, Seite 89

welche gewährleisten, dass diese ein artgerechtes Leben führen können. Es muss sicher gestellt werden, dass Tiere nicht willkürlich gequält oder getötet werden, nur in strengen Ausnahme– und Konfliktfällen dürften die Interessen der Tiere menschlichen Interessen untergeordnet werden.[74]

Eine mögliche Lösung könnte sein, dass nicht dem zu schützendem Tier Rechte gegeben werden, sondern den Menschen Pflichten ihm gegenüber aufzuerlegen.[75] Den somit würde man weder den Menschen herabstufen, noch ein Tier in seiner Position heraufstufen. Wie Friedrich Hebbel[76] schrieb: „über das Tier nur dies mit Bestimmtheit wissen, daß es mit uns nicht auf gleicher Stufe steht; ob aber höher oder tiefer, lassen wir unentschieden."[77]. Es sollte jeden bewusst sein, dass Tiere einzigartige lebende Kreaturen sind und einen inhärenten Wert haben, das heißt, kein Tier ist durch ein anderes ersetzbar.[78] Dies lässt sich auch mit dem Gedanken R. Spaemann[79] verbinden, dass der Mensch, wenn er sich unwürdig gegenüber einem Tier verhält, seine eigene Würde verletzt. Der Mensch ist dann in der Tier-Mensch-Beziehung derjenige, dem eine besondere Verantwortung gegenüber dem Tier zukommt. Nehme er diese Verantwortung nicht wahr, so würde er seine Pflichten als sittliches Subjekt verletzten.[80]

Es wird wohl nie möglich sein, eine einheitliche Lösung für alle beteiligten Parteien zu finden. Wir erleben es immer wieder, dass Maßstäbe für Recht und Unrecht, Gut und Böse verloren gehen. Es herrscht immer wieder eine Orientierungslosigkeit, auch in der Mensch-Tier-Beziehung. Wenn die Gesellschaft nur von Profitgier, Mitleidslosigkeit und Brutalität getragen wird, dann ist sie inhuman, auch wenn es sich dabei „nur" um Tiere handelt.[81]

Ich schließe meine Seminararbeit mit einem Zitat von Albert Schweitzer:

„Die Natur ist schön und großartig, von außen betrachtet, aber in ihrem Buch zu lesen ist schaurig"[82]

---

74 Tier-Mensch-Ethik, Wien/Berlin 2012, Seite 183/184
75 Vgl. Brieskorn Norbert, Menschenrechte. Eine historisch-philosophische Grundlegung, Stuttgart; Berlin; Köln 1997, Seite 116
76 Christian Friedrich Hebbel war ein deutscher Dramatiker und Lyriker.
77 Menschenrechte. Eine historisch-philosophische Grundlegung, Seite116
78 Vgl. Tierrechte, Seite 102
79 Robert Spaemann ist ein deutscher Philosoph
80 Vgl. Die Würde des Tieres – zwischen Leerformel und Prinzip, Seite 96
81 Vgl.Tier-Mensch-Ethik, Seite 218
82 Die Würde des Tieres zwischen Leerformel und Prinzip, Seite 100

Literaturverzeichnis

Primärliteratur:

- Singer Peter, Animal Liberation. Die Befreiung der Tiere, Hamburg 1996
- Cavalerie Paola, Singer Peter, Menschenrechte für die Großen Menschenaffen. Das Great Ape Projekt, München 1993
- Brockhaus Verlag Wuppertal, Die Heilige Schrift. Revidierte Elberfelder Bibel, Stuttgart 31986
- Sparmann Anke, Wo beginnt unsere Mitschuld, in: GEO vom 11.November 2012

Sekundärliteratur:

- Tierrechte. Eine interdisziplinäre Herausforderung, hrsg. von Interdisziplinäre Arbeitsgemeinschaft Tierethik Erlangen 2007
- Das neue Duden Lexikon. Band 6, Mannheim 1948
- politische bildung. Beiträge zur wissenschaftliche Grundlegung und zur Unterrichtspraxis. Menschenrechte, hrsg. Woyke Wichard
- Glashouwer Willem J.J.,, So entstanden die Welt, Neuhausen-Stuttgart 1980
- Kaplan Helmut, Tierrechte. Die Philosophie einer Befreiungsbewegung, Göttingen 2000
- Brieskorn Norbert, Menschenrechte. Eine historisch-philosophische Grundlegung, Stuttgart 1997
- Pollmann Arnd, Menschenrechte ein interdisziplinäres Handbuch, Stuttgart 2012, Seite 453
- Sommer Volker, Amman Karl; Die Grossen Menschenaffen. Orang-Utans, Gorilla, Schimpanse, Bonobo. Die neue Sicht der Verhaltensforschung, München, Wien, Zürich 1998
- Singer Peter, Praktische Ethik, Stuttgart 1994
- Riether Edith, Weis Michael Noah, Tier-Mensch-Ethik, Wien/Berlin 2012

Internetquellen:

- Kaplan Astrid, Zum Verhältnis von Menschen und Tieren unter Berücksichtigung der hierbei auftretenden rationalen und emotionalen Widersprüchen, online unter: http://www.google.de/url? sa=t&rct=j&q=&esrc=s&source=web&cd=5&ved=0CEsQFjAE&url=http%3A%2F %2Fwww.tierschutzpartei.de%2Fpdf %2FDiplom_AstridKaplan.pdf&ei=iwHOUIeOBsXEtQbun4HgDQ&usg=AFQjCNFN19j4kFNOGi uD0I9WeaukFB1NMw&bvm=bv.1355325884,d.Yms
- Gleichheitssatz (2012), online unter: http://de.wikipedia.org/wiki/Gleichheitsprinzip
- Menschenrechte (2012), http://de.wikipedia.org/wiki/Menschenrechte#cite_ref-2
- Daqué Jennifer, Die Gattung der Menschenaffen, online unter: http://www.planet-wissen.de/natur_technik/wildtiere/menschenaffen/gattungen.jsp
- Albert Schweitzer Stiftung für unsere Mitwelt (Hrsg.), Ethikpreis für Paola Cavalieri und Peter Singer (2011), online unter:http://albert-schweitzer-stiftung.de/aktuell/ethikpreis-fur-paola-cavalieri-und-peter-singer-great-ape-project
- Wie soll das Ziel erreicht werden?, online unter: http://greatapeproject.de/was-genau/
- Evomaganzin (25.07.2011), Colin Goldner zum Great Ape Projekt, in: EVOMAGAZIN online unter: http://www.darwin-jahr.de/colin-goldner-great-ape-project
- Dr. Wirsing Bernd, (2002) Was unterscheidet den Menschen vom Affen?, online unter:http://www.innovations-report.de/html/berichte/biowissenschaften_chemie/bericht-9200.html,
- Great Ape Projekt, online unter: http://de.wikipedia.org/wiki/Great_Ape_Project
- Prof. Dr. Sommer Volker, Dr. Schmidt-Salomon Michael, Warum aus Pan zu Homo werden sollte, online unter: http://greatapeproject.de/pan-zu-homo/
- Spahl Thilo (2012), Das Bein in meiner Küche – Essay, online unter: http://www.bpb.de/apuz/75808/das-bein-in-meiner-kueche-essay?p=all#footnodeid_8-8,